Steffi Lofeldt

Wohl & Schmerz Liebe 2

Neue Gedichte

Buch
Das Buch ‚Wohl & Schmerz Liebe 2' ist die Fortsetzung eines Gedichtbands, welcher im August 2024 erschien. Der erste Teil von Wohl & Schmerz Liebe war gefüllt mit 100 Texten voller Poesie, der zweite Teil erscheint mit 83 neuen Gedichten. Auf den folgenden Seiten wird es ein weiteres Mal gefühlvoll. Erneut wurde die Liebe in Verse verdichtet. Unterteilt ist dieses Buch in drei emotionale Kapitel: Wohl, Schmerz und Liebe. Allumfassend gibt es Gedankengut übers Lieben, Verlieben und Glücklichsein. Geborgenheit finden, Zuneigung erfahren. Texte zum Träumen und Schwärmen. Und es gibt Gegensätzliches. Herzen brechen und sind oft erfüllt von tiefer Traurigkeit. Es geht ums Loslassen, Verlassen, Vermissen. Ums Entlieben. Freigeben. Ums Trauern. Liebe ist wohltuend. Liebe ist schmerzhaft.

Das Geschriebene entstand in den letzten Wochen, Monaten und Jahren.

Autorin
Steffi Lofeldt wurde 1976 in Bremen geboren und lebt heute mit ihrem Mann, den drei Töchtern und dem Familienhund südlich der Hansestadt. Bereits im Teenageralter begann die gelernte Schifffahrtskauffrau Kurzgeschichten und Gedichte zu schreiben. Sie fühlt sich im Genre Liebe zu Hause, mitunter darf es auch etwas fantastisch sein.

Alle Informationen über ihre bisher erschienenen Bücher findest du nach den Gedichten am Ende des Buches.

Neben dem Schreiben gilt ihre Leidenschaft der Malerei. Das Cover stammt aus ihrer Feder, ebenso die Zeichnungen im Buch.

Steffi Lofeldt

Wohl & Schmerz Liebe 2

Neue Gedichte

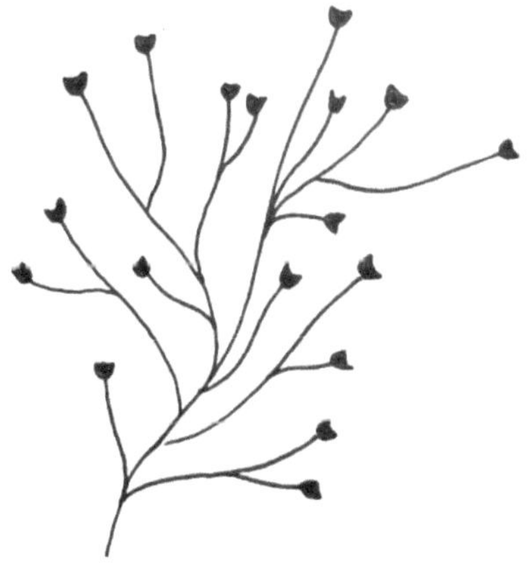

René, Lina, Marie, Emma
In Liebe – von Herzen

Bis zum Mond und wieder zurück

Inhaltsverzeichnis

Schmerz

Wohl

In meinem Traum

Du warst in meinem Traum
Wir flogen hoch. Durch Zeit und Raum

Bei einer Liebelei in dunkler Nacht
Hast die Zeit zur Schönsten uns gemacht

Hast mich zärtlich an dich gedrückt
Und bist mir so nah zu Leibe gerückt

Hast mir deine Wärme lieb gegeben
Dieser Traum war wie das wahre Leben

So real, als ich am Morgen erwachte
Und mit roten Wangen an dich dachte

Wälzte mich in den Laken hin und her
Wünschte dich zu mir. Fehltest sehr

Konzentration? Am Tage ausgeschlossen
Hab die tolle Nacht zu sehr genossen

Am Abend. Ich lösch das Licht
Schrieb dir heut dies kleine Gedicht

Schließ die Augen. Will dich gleich sehen
Will mit dir leben. Lachen. Voll aufdrehen

Hol mich ab. Ich warte längst
Dass du mir wieder Liebe schenkst

Weil du

Weil du mein helles Licht bist
Welches mich lächeln lässt
Drehe ich mich zur Sonne
Wenn du nicht bei mir sein kannst

Weil du der weite Ozean bist
In dem ich so gerne versinke
Gleite ich ins Meer
Wenn du nicht bei mir sein kannst

Weil du die frische Brise bist
Die stetig köstlich meine Seele anregt
Genieße ich den Wind
Wenn du nicht bei mir sein kannst

Weil ich deine Liebe wie Luft atme
Die mich gänzlich leben lässt
Zehr ich von meinen Gedanken, frag mein Herz
Wenn du nicht bei mir sein kannst

Sehnsucht

Weltvergessen
Starte ich in den Tag
Sinne über das, was noch da ist
Und was ich nicht mehr hab

Zappenduster
Ist meine kleine Welt
Ich vermiss dich so
Mein Action-Superheld

Sarkasmus
Unsere Sprache – unser Wort
Das passte einfach zwischen uns
Nun bist du aber fort

Hast hier alles aufgegeben
Und mir nett Lebwohl gesagt
Vertreibst dir die Zeit mit anderen
Und fehlst hier jeden Tag

Lernte da nen Typen kennen
Der war ja sonst ganz klasse
Doch Sarkasmus war nicht seins
Er sagte, dass er's hasse

Hab dich dann noch mehr vermisst
Das kann ich dir wohl sagen
Ich brauch dich hier, mein Liebster
Kann das kaum ertragen

Drum schreib ich dir
Jetzt diese Nachricht:
Ohne dich ist's dunkel
Es fehlt mir hier mein Licht

Zurück schreibst du, sarkasmusfrei
Dass du heute an mich dachtest
Wir telefonieren und du sagst
Dass du sehr nach mir schmachtest

Ich nehm den nächsten Flug
Der bringt mich schnell zu dir
Voller Sarkasmus rufst du
Oh Mist, was machst du hier

Du schließt mich lieb lachend in die Arme
Endlich bin ich wieder zu Haus
Ob's für länger oder für immer ist
Das finden wir heraus

Fata Morgana

Eine Fata Morgana
Im Wüstensand
Lässt dich erscheinen
Du reichst mir die Hand

Ich schließe die Augen
Und reise zu dir
Ein Traumgedanke
Macht uns erneut zum WIR

Ein Sandsturm
Wirbelt um uns herum
Zärtlich in deinen Armen
Vor Liebe schlichtweg stumm

Sekundenspäter
Ist alles verschwunden
Eine simple Luftspiegelung
Hat uns fantastisch verbunden

Nun steh ich hier im Sand
Noch ein wenig schwindelig
Denk an dich
Glückselig

Wind wirbelt leicht
Dort, wo die Fata Morgana war
Die Idee lässt mich schmunzeln
Dass es vielleicht keine war

Frei

Gefangen in mir
Immer schon
Leben ohne Liebe
Atmen ohne Bedeutung
Herzschlag ohne Sinn
Mit dem Gefühl
Gänzlich
Wertlos zu sein

Dann schlitterst du
In mein kleines Dasein
Lichtdurchflutet
Seelenstreichelnd
Füllst meinen leeren Kelch
Mit Mut. Stärke. Glück
Du rettest mich. Ich bin
Frei durch dich

Sonnengeküsst

Sonnengeküsst stehst du vor mir
Heiß heißer du
Ich gehör ganz dir

Meersalzküsse schenkst du mir
Ich will mehr
So viel mehr von dir

Ins Wasser gehst du mit mir
Du grinst mich an
Ich schwimm mit dir

Traumwandeln

Traumwandlerisch
Liebestrunken
Ferngesteuert
Beschwipst von dir
Stolper ich durch meinen Tag

Oxytocin
Dopamin
Serotonin
Hormongetränkt
Atme ich deine Liebe
Als ob es keinen Morgen gäbe

Wiedersehen

In Erinnerungen schwelgend
Den Bauch voller Vorfreude
Bin ich auf dem Weg zu dir

Glückstränen
Freude riesengroß
Endlich wieder WIR

Deine Umarmung, die guttut
Dein Lachen, das wärmt
Deine Nähe, die mir fehlte

Sternenmeer

Die Sterne strahlen über uns
Es ist ein ganzes Sternenmeer
Du erzählst mir ihre Bilder
Dir zu lauschen, mag ich sehr

Am Piano

Du sitzt am Piano
Findest dort Ruh
Spielst ganz sanft
Hast die Augen zu

Die Musik
Sie fließt aus dir
Wie Liebe
Direkt zu mir

Der Hunger nach dir
Treibt mich in den Wahn
Kann nur noch an dich denken
Seitdem wir uns sah'n

Schmeck noch deinen Kuss
Riech noch deine Haut
In jedem meiner Gedanken
Schreit mein Verlangen laut

Nach dir
Nach dir
Will dich jetzt
Und will dich hier

Unvergessen

Unvergessen
Ist der Schmerz
Den ich fühlte
Als ich dachte
Ich hätte dich
Für immer verloren

Unvergessen
Ist die Glückseligkeit
Die ich spürte
Als ich erfuhr
Du hast es
Überstanden - überlebt

Unendlich
Ist die Wertschätzung
Für das Leben - jeden Tag mit dir
Momente unvergessen
Dankbar - für immer
In mir

Angst

Mich plagt die Angst
Dich zu verlieren
Denn allein kann ich wohl
Nicht mehr existieren

Deine Liebe hat mich
Nach dir süchtig gemacht
Ich hätte sowas zuvor
Niemals gedacht

Letztens sagte ich zu dir
Dass ich diese Angst in mir spüre
Und dass es ohne dich letztlich
Zu meinem Ende hinführe

Deine Antwort
War ein lieber süßer Kuss
Und die leisen schönen Worte
Dass ich keine Angst haben muss

„Du wirst mich wahrlich
Nicht und nie mehr los."
Sprachst du in zarten Silben
Deine Liebe wär endlos groß

Die Zeit mit uns, mit mir
Wär die beste deines Lebens
Meine Liebe ein Schatz, ein Zustand
Des ewigen Schwebens

Glücklich denk ich an das Gesprochene
Trag trotzdem die Angst fortan in mir
Deine Worte haben sie zumindest gemildert
Ich danke dir dafür

In Zeitlupe

Zeitlupenmoment
Mit dir
Ein Augenblick – so, so lang

In deinen Armen
Von Glück getränkt
Herzen voller Liebe
Köpfe voller Träume

Slow Motion
Gebrannt in meine Seele
Für alle Zeit

Dein Lächeln
Deine Berührung
Dein Kuss

Alles gut

Haltlos
Falle ich in die Finsternis
Immer weiter
Immer tiefer
Immer schneller
Ich kann kaum atmen
Will schreien
Doch
Nur ein stummer Laut
Verlässt meine Kehle
Angst
Ich spüre Angst
Sie greift mich
Schüttelt mich entsetzlich
Ich fürchte mich so
Ein heftiges Zucken
Fährt durch meinen Körper
Verliere die Kontrolle
Aufprall
Plötzlich
Ist es still
Ich starre aus hohlen Augen
In ein Dämmergrau
Tränen laufen über meine Wangen

Jetzt spüre ich dich
Wie du mich in die Arme schließt

Alles gut
Wird mir schlagartig bewusst
Alles gut
Hab nur geträumt

Nur ein böser Traum
Erlösung
Erleichterung
Du bist
Mein Licht in der Dunkelheit
Deine Wärme hüllt mich ein
Durchatmen
Mein Herz rast noch
Du hältst mich sicher
Geborgenheit
Streichelt meine Seele
Deine Ruhe
Wie Balsam
Schmiege mich an dich
Schließe die Augen
Lausche deinem Atem
Und lausche deinem Herzschlag
Finde Halt

Melodie

Der Klang deiner Stimme
Welch schöne Melodie
Vermag mich zu verzaubern
Verleiht mir Energie

Du bist da
Erträgst meine Launen
Nahmst mich in den Arm
In meinen dunkelsten Stunden
Hast mich gehalten
Als ich wütend war
Als ich dich wegstoßen wollte
Als ich aufgab
Zweifelte
An allem
Auch an uns
Du hast mir beigestanden
Hast dein Superheldending gemacht
Du hast die Sonne scheinen lassen
Als um mich herum
Nur noch Finsternis war
Du hast mich aus dem Schatten geholt
Und mich im gleißenden Licht deiner Liebe
Leuchten lassen
Wegen dir
Atme ich
Lebe ich
Schlägt mein Herz

Ich liebe dich, mein Superheld

Im Abendrot

Die Realität verblasst
Wenn ich dich heimlich betrachte
Die Wirklichkeit verschwindet
Und ein Traumland tut sich auf

Im Abendrot reichst du mir die Hand
Du führst mich zur Tanzfläche
Unser Lied spielt
Die Welt um uns herum ist vergessen
Da sind nur du und ich
Dein Blick wärmt mein Innerstes
Und dein Lächeln erzeugt mir eine Gänsehaut

Unser Tanz ist leicht
So wie unsere Liebe
Hier direkt bei dir
Spüre ich das pure Glück
Hier in deinen Armen bin ich Zuhaus

Die Realität verblasst …
Und ich wünschte
Du würdest sehen, was ich sehe

Und während ich dich heimlich betrachte
Realisiere ich
Das Traumland löst sich auf
Und mein Wunsch wird Realität …
Herzklopfen
Gänsehaut
Stockender Atem

Abschlussball
Im Abendrot
Ein Park voller Lichter
Du stehst nur ein paar Meter weiter
Und ein erster Blickkontakt
Lässt meine Knie weich werden
Dein Lächeln
Macht mich nervös
Das Herz springt mir nun
Fast aus meiner Brust
Als du wie in Zeitlupe
Zu mir rüberkommst
Mir deine Hand reichst
Und von der Erde losgelöst
Schwebe ich mit dir

Heimweh

Ich bin hier
Und du bist dort
Deine Nähe fern
Und daheim weit fort

Voll mit Heimweh
Wähl ich deine Nummer
Vorfreude. Sehnsucht. Deine Stimme
Nimmt mir gewiss den Kummer

Deine Worte in meinem Ohr
Streicheln meine Sinne zart
Keiner kann mich so umschmeicheln
Wie du – niemand so, auf diese Art

Gespräch beendet. Bin Selig. Ich träum
Dich ganz schnell an meine Seite
Gedanklich daheim. Und deine Arme
In die ich voller Liebe gleite

Überall ist Liebe

Wir
Da ist Liebe drin
Und das
Von Anbeginn
Da ist Liebe drumherum
Mehr geht nicht
Maximum
Sie ist unten
Obendrauf
Und links und rechts
Natürlich auch
Selbst dahinter
Und davor
Scheitel bis Fuß
Von Ohr zu Ohr
Und überall dazwischen
In wirklich allen Ritzen
Da fühlt man sie
Dazwischen sitzen

Mitten in der Nacht

Mitten in der Nacht erwache ich
Der Mond scheint durchs Fenster hinein
Tausend Sterne tummeln sich am Firmament
Pures Glück spüre ich
Denn ich lieg in deinen Armen
Wohlig. Geborgen. Wunderbar
Deine Wärme umschmeichelt mich
Deine Nähe lässt mich lächeln
Es gibt keinen schöneren Ort als diesen

Ich genieße den Moment
Und stelle fest
Ruhe werde ich nicht mehr finden
Hellwach bin ich
Wie angeknipst

Vorsichtig
Schäle ich mich aus deiner Umarmung
Halte augenblicklich inne
Denn du
Bewegst dich minimal
Seufzt
Schläfst weiter
Bin erleichtert
Will dich nicht wecken
Betrachte dich
Während du schläfst
So friedlich
Höre deinen Atem
Wie er leise fließt

Höre deinen Herzschlag
Und meinen
Der vor Liebe rast
Gerne würde ich dich berühren
Kann mich gerade mal so beherrschen
Du siehst verführerisch aus

Ich schließe meine Augen
Nur um sie kurz danach
Wieder zu öffnen

Schmunzelnd stelle ich fest
Dass auch du mich jetzt anschaust
Dein Blick zieht mich magisch an
Schon bin ich bei dir
Spüre dich ganz nah
Unmittelbar
Du lächelst mit Hintergedanken
Ich mag das
Im Licht des Mondes
Werden wir eins

Davonlaufen

Ich wollt nur noch hier weg
Denn mein Herz war gebrochen

Doch wäre ich davongelaufen
Hätt ich dich nie angetroffen

Ich fands recht magisch
Mit dem lieben Glück

Unerwartet, mit Feuereifer
Kam es einfach so zu mir zurück

Es brachte diesen Moment
Und dann standst du plötzlich da

Und all der Kummer war vergessen
Weil ich in dir die Zukunft sah

Schmerz

Gegensätze

Ich seh dich an
Du an mir vorbei
Du bist mir wichtig
Ich bin dir einerlei

Ich sprech mit dir
Du hörst nicht zu
Du bist meine Welt
Für dich bist das nur du

Ich geh dir entgegen
Du gehst zurück
Du willst nur spielen
Ich such Liebe und Glück

Ich weine
Du lachst mich aus
Ich gab dir mein Herz
Du sagst, es sei aus

-\/\-

Neubeginn

Einmal auf Anfang
Einmal bitte neu
Neue Zeit – neuer Ort
Ich komme

Der Zug rollt
Ich atme auf
Endlich weg
Weg von dir

Irgendwo
Gibt es diesen Platz
An dem ich dich
Vergessen kann

Ich weine
Vor Glück
Vor Erleichterung
Wegen dir

Mein Herz, es schreit
Mein Verstand triumphiert
Mein Bauch tut weh
Mach ich einen Fehler?

Nicht weichwerden
Keinen Rückzug
Es wird schwer
Aber besser

Lehne mich zurück
Arbeite
Gegen den Schmerz
In meiner Brust

Ich bin stark
Ich bin toll
Ich bin richtig
Du hast das nicht erkannt

Einmal auf Anfang
Einmal bitte neu
Neue Zeit – neuer Ort
Ich komme

-\\/-

Ich will dich

Ich will dich
Nicht mehr vermissen
Möchte die Zeit aufrollen
Wie den feinen Faden
Einer Rolle Zaubergarn
Zurückspulen
Aufwickeln
Bis zu dem Moment
In dem ich dich wieder hab
Dich festhalten
Dich spüren
Du fehlst

—◇—

Vorurteil

Vielleicht
Bin ich unfair zu dir
Doch so oft hab ich mich verrannt
Ich hab
Viel zu oft
Falsche Liebe nicht erkannt
Mein Herz
Brach zu viel
Kann nicht mehr vertrauen
Bei dir
Bin ich auch skeptisch
Kann da nichts aufbauen
Lieber allein
Lieber mit mir
Leben mit dem Vorurteil
Dass für Männer
Die ich treffe
Nur bin ne Spielerei
Ich weiß
Ich wein dir nach
Doch will ich mich nur schützen
Am Ende bin ich verliebt
Und du dann weg
Wem soll der Mist denn nützen

-\/\-

Trennungsschmerz

Ich sitze am Meer
Und sehe zum Horizont
Die Sonne geht unter
Eine leichte Brise ist aufgekommen
Sie spielt in meinem Haar
Und streichelt meine Haut
Ganz sanft

Mein Gesicht brennt
Von den salzigen Tränen
Die ich weinte
Meine Augen tun weh
Irgendwie tut mir alles weh

Zu Hause
Habe ich in jedem Zimmer Licht gemacht
Damit du sicher zu mir zurückfindest
Hab dein Lieblingsessen gekocht
Den Tisch gedeckt
Wäre bereit
Komm doch heim
Lass mich nicht länger warten …

Ich denke an den Morgen zurück
Heute haben wir dich beerdigt
Ich verstehe es nicht

Wir haben dich auf eine Reise geschickt
Welch Ironie
Wir zwei wollten doch zusammen verreisen
Das ganze letzte Jahr hast du das Boot flott gemacht
Nun liegt es im Hafen
Wartet darauf … loszusegeln
Mit uns

Du bist für immer fort?
Für immer
Was bedeutet das?
Wir lieben uns *für immer*
Dafür waren diese Worte bestimmt
Für immer Liebe
Nicht für immer fort

Erneut blicke ich zurück zum Haus
Ob da nicht dein Auto vorfährt
Warte geduldig, denn …

Es ist nicht wirklich wahr, dass du fort bist, oder?
Also … dieses für-immer-Ding?

Gleich kommst du zu mir an den Strand
Mit einer Flasche Wein und zwei Gläsern
Und du bringst eine Decke mit
Weil du weißt, ich werde frieren

Sicher
So wird es sein

Eng umschlungen halte ich mich
An dieser Hoffnung fest

Dieses ist nur ein schrecklicher Albtraum
In dem ich mich befinde
In dem mir jeder sagt
Dass es ihm leidtut
In dem mir jeder seine Hilfe anbietet
In dem jeder weint
Wenn er mich nur ansieht

Komm einfach zurück
Nimm mir diesen Schmerz
Der da ist
Seitdem du fort bist
Fülle diese Leere in mir mit deiner Liebe
Und bitte
Wärme mich

Komm zurück

—⋀—

Ohne dich

Ohne dich
Bin ich ein Stern ohne Glanz
Ein Brief ohne Worte
Ein Ozean ohne Wasser
Und ein Spiegel ohne Bild

—◡—

Nie genug

Als ich dich traf
Vor vielen Jahren
Als wir uns
Schnell näherkamen
Von dir bekam ich
Nie genug

Dein Kosmos
Wurde meiner
Und meine Welt
Zu deiner
Von mir bekamst du
Nie genug

In all der Zeit
Lebten wir megasteil
Abenteuer, oft ein
Akt auf dem Drahtseil
Wir bekamen davon
Nie genug

Die Quittung
Gab es. Entsetzen
Du kamst nie zurück
Riss meine Seele in Fetzen
Unsere Zeit, es war doch
Nie genug

Ich steh traurig
An deinem Stein
Gedankenströme fließen
In mein Herz hinein
Von dir hatte ich
Nie genug

—\/—

Sturm

Wir sind zwei Stürme
Temperamentvolle Naturgewalten
Wir streiten heftig
Versöhnen uns leidenschaftlich
Sind uns selten einig
Eine intensive Zeit
Von Beginn an
So viel Liebe
Trotz allem für immer
Dachte ich

Es ist windstill, seitdem du gingst
Beim letzten Mal
Es ist anders
Denn du sagtest, du kannst nicht mehr
Dass du nicht mehr wiederkommst
Dass du mich vergisst
Die Tür ist zu
Kein Windzug mehr

Wie soll ich meinem Herz erklären
Dass es auf dich verzichten muss

Vermiss dich, mein Sturm

-\/\-

Nach dir

Nach dir …

Immer weiter
Im ewigen Ozean
Des Lebens
Auf der Suche
Nach dem Ufer
Meines
Für-immer-Hafens

Treibsand

Du bist zuverlässig
wie Treibsand
Drum halt ich lieber
Abstand

-\/\/-

Trauer

Ich trauere um dich
Du bist verschwunden
Einfach weg
Fortgerissen
Aus deinem Leben
Und aus meinem
Vermiss dich entsetzlich
Dieser Schmerz, der mich seitdem begleitet
Ist das die Liebe
Die man spürt
Wenn man in verschiedenen Welten lebt?
Ich hier
Du im irgendwo
Diesen Schmerz nehm ich in Kauf
Wenn er doch aus Liebe entstanden ist

In meinen Gedanken
Erinnerungen
Bist du allgegenwärtig
Ich rede noch mit dir
Ohne nachzudenken
Spreche ich
Als wärst du noch da
Ich muss das noch lernen
Muss noch verstehen
Dass du wirklich für immer fort bist

–᠕–

Verändert

Es war einmal ….

Mit dir bin ich unverwüstlich
An deiner Seite bin ich unsagbar stark
Mit dir kann ich alles erreichen was ich
Zu träumen nur vermag

Ich fliege hoch und höher
Deine Liebe verleiht mir Flügel
Ich öffne mich dir im Ganzen
Blind vor Liebe übergeb ich dir die Zügel

Erwachen …

Aufrichtig sagst du mir,
Ich sei doch nur ein dummes Spiel
Mich durchzieht ein grausam Schmerz
War mich zu quälen stets dein Ziel?

Wertlos … verändert bin ich, ohne Halt
Im innersten Kern erschüttert
Und während ich mich gräme, hast du
Meine Seele an einen Dämon verfüttert

Verharren …

Was bleibt ist meine leere Hülle
Ein flacher Atem. Ein treues Schlagen
Regungslos muss ich diese Dunkelheit
Um mich herum ertragen

Von Stark zu gebrochen
Hab ich diesen Wandel durchzogen
Ich war doch mal wer
Und wurd übelst betrogen

—⋀—

Nirgendwo ist Glück

Ich verweile in dieser Welt
In der ich ohne dich leben muss
In der deine Wärme fehlt
Und ebenso dein Kuss

Ich weiß nicht
Wo liegt der Sinn
Dass du gegangen bist
Und ich noch hier bin

Gedankenschwere Last
Trag ich stets bei mir
Das Alleinsein tut weh
Möcht dich hier bei mir

Denk an unsere Zeit
So besonders. So schön
Und jeden Tag wünsch ich mir
Dich einfach wiederzusehen

Plötzlich wärst du zurück
Als wärst du nie gegangen
Schließt mich in die Arme
Hältst mich sanft gefangen

Vergessen all die Tränen
Die ich schon geweint
Wir zwei wären einfach
Wieder in Hoffnung vereint

Ich weiß, keine Macht
Bringt dich mir zurück
Du bist dort - ich hier
Und nirgendwo ist Glück

Gehen und bleiben –
Zwei Perspektiven

Auf meinem ungewollten Weg
Geb ich dir ein Stück meiner Seele
Übertrag es dir mit Liebe
Während ich mir ein Stück von deiner stehle

Ich halte deine Hand
Du bist so furchtbar schwach
Deine Augen sind geschlossen
Dein Atem, der ist flach

Bin schon fast entrissen
Aus meinem diesem Leben
Bin von Dunkelheit
Immer mehr umgeben

Ich wünsch mir doch
Einfach nur mehr Zeit
Dich zu verlieren
Ich bin noch nicht bereit

Mein armes Herz
Schlägt nicht mehr im Takt
Ich spüre förmlich
Wie mich das Jenseits packt

Ich fühl dein Herz
So langsam, so zart
Es schlug einst so wild
Du warst doch so stark

Ich suche noch ein letztes Licht
Und suche es vergebens
Klammere mich an die letzten
Zeichen meines Lebens

Das Leben ist nicht fair
Deins darf nicht zu Ende gehen
Will doch noch so viele Jahre
Hier an deiner Seite stehen

Ich atme fleißig
Aber nur noch schwach
Mir wird ganz schummrig
Gleich bin ich nicht mehr wach

Ich schau in dein Gesicht
Und liebe es so sehr
Will dich nicht vermissen
Das ist alles – ich will nicht mehr

Mein Leben gänzlich
Schwindet nun
Was passiert mit mir
Was geschieht, was soll ich tun

Schließlich
Gibt dein Herz dann auf
Dein letzter Atemzug
Nimmt viel zu hastig seinen Lauf

Plötzlich steh ich neben dir
Seh, wie du deine Hände auf mich legst
Wie du um mich
Und um mein Leben flehst

Stille
Du bist gegangen
Ich bin verloren
Und in Trauer gefangen

Ich bin hier bei dir
Und kann doch nicht bei dir sein
Will zurück ins Leben
Du und ich sind beide allein

In meinem Tränenmeer
Werd ich ertrinken
In meiner Traurigkeit
Kläglich versinken

Ich wandle nun
Auf mir unbekannten Pfaden
Durchquere ein Meer aus Tränen
Deine Liebe, geweint. Will darin baden

Leben ohne dich
Das kann ich nicht
Deutlich merk ich
Wie alles in mir bricht

Dieses Stück deiner Seele
Nahm ich ungefragt an mich
So bist du immer bei mir
Meine Liebste, ich liebe dich

Für immer Liebe
Für immer, dass ich weine
Für immer du
Für immer die deine

Leb wohl, für immer die meine
Bin in Gedanken bei dir
Und horch in dich hinein
Fühle doch das Stück von mir

In meiner Seele tut sich was
Gerissen – Fehlt ein Stück
Und doch fühl ich da etwas
Als wär ein Stück von dir zurück

Tief in mir – deine Liebe
Legt sich behütend um den Schmerz
Streichelt meine Sinne
Du bist in mir – pulsierst mein Herz

Loslassen

Ich lass los
Dich
Uns
Wir sind nur noch ein Gedanke
Nur noch eine Erinnerung
Keine Sehnsucht mehr
Kein bisschen Wehmut
Nur noch ein schöner Blick
In die Vergangenheit

Träum weiter
Die Liebe ist ein zähes Ding
Sie bleibt
Sie hofft
Sie wartet ab
Geduldig. Beharrlich.
Immer im engen Kontakt
Mit dem Herzen
Geht da noch was?
Herz: „Ich fühle es."
Memo:
Nichts wird losgelassen

Also sitz ich hier
Und falle
In das nächste Loch
Und du bist wieder da
In Vollkommenheit
In meinem Kopf

Ja, zugegeben
Du warst
Nie weg
Nicht einen Moment
Ich vermiss dich
Du fehlst
Entsetzlich
Lieb dich

–⋀–

Tränengetränkt

Es gab diese Tage
Da wachte ich auf
Vom Glück geküsst
Neben mir lagst du

Es gab diese Tage
Die verbrachte ich
Randvoll gefüllt mit Liebe
An meiner Seite warst du

Es gab diese Tage
Frei von Sorgen
Alles war leicht
Mit dir

Es gab diesen einen Tag
Der alles veränderte
Tränengetränkt
War ich allein

Es gibt diese Tage danach
Jeder einzelne ist so lang
Wie dieses eine Leben
Ohne dich

Wolkenschwer

Wolkenschwer
Ist mein armes Herz
Meine Tränen – wie Regen
Bin so voller Schmerz

—∿—

Beziehungsnotaus

Hab gehört
Mit der Treue nimmst du das nicht so ernst
Vernahm sogar
Dass du von unserer offenen Beziehung schwärmst

Ich hörte sowas
Auf sämtlichen Kanälen
Nur hattest du wohl vergessen
Mir das zu erzählen

Gestern sah ich dich
Mit einer Dame - eindeutige Pose
Deine Erklärung war
Gefasel - irgendwas mit Hose

Ich dachte, ich fall vom Glauben ab
Bin da mehr so der treue Typ
Hattest du nicht erst lieb gesagt
Dass es für dich nur mich, die EINE gibt?

Wenn du gleich heimkommst
Bin ich längst raus
Sachen gepackt - Tschüss
Dringend – Beziehungsnotaus

-\/\-

Der Klang deiner Stimme
Welch schöne Melodie
Vermochte zu verzaubern
Verlieh Lebensenergie

Wünscht du könntest
Wieder zu mir sprechen
Würdest den Bann der Trauer
In meinem Herzen brechen

Ausradiert

Ausradiert
Ins Jenseits katapultiert

Nie mehr du
Nie mehr du

Mir bleibt mein Schmerz
Und das gebrochene Herz

Bilder. Gedanken
Bringen mich ins Wanken

Wie soll ich das ertragen
Kann mir das jemand sagen

Ich fürchte mich
Vermisse dich

-\/\-

Sollbruchherz

Mein liebes Herz

Die Gefahr des Verliebens besteht
Überall und jederzeit
Du weißt das

Du weißt auch, dass du letztlich brechen wirst
Es war immer so. Es soll so sein
Es ist vorbestimmt
Du bist nun mal ein *Sollbruchherz*

Bitte verschließe dich
Lass nichts mehr hinein
Nicht das kleinste beflügelnde Gefühl
Ich kann nicht mehr
Ich will nicht mehr
Es reicht
Du hast genug Narben

Du weißt es so gut wie ich
Am Ende leiden wir wieder
Fürchterlich

-\/-

Ein letztes Mal

Den Klang deiner Stimme hören
Die Farbe deiner Augen sehen
Deine Haut spüren
Glücklich an deiner Seite stehen

Mit dir lachen
Um die Wette rennen
Dich in die Arme schließen
Dich liebevoll beim Namen nennen

Mit dir einschlafen
Und wieder erwachen
Mit dir frühstücken
Und Pläne machen

Ein letztes Mal
Nur du und ich
Dieser Wunsch
Währt Ewiglich

Jenseits des Tellerrands

Du willst mich
Aber nicht wirklich ganz
Willst keine Verpflichtung
Genießt nur den Glanz
Wir sind voller Leidenschaft
Das Leben - ein Tanz
Doch wenn es zu eng wird
Gehst du auf Distanz
Zum Selbstschutz wurd ich mit der Zeit
Ein Meister des Abstands
Gesünder für mich
Angesichts des Umstands
Dass du nur bedingt Nähe willst
Das ist die Brisanz

Und bin ich dir fern, kommst du zurück
Stets mit charmanter Eleganz
Umgarnst mich. Verführst mich
Neue Hoffnung – eingepflanzt
Kann dir nicht wiederstehen
Von vorn – der Firlefanz
Denn ein wenig später
Inmitten deiner Arroganz
Ertrinken meine Gefühle
Erneut in deiner Ignoranz
Ziehst dich zurück, zu nah
Bittest mich um Akzeptanz
Aus der Ferne betrachtet
Grenzt es schon an Süffisanz

Wir zwei
Welch spärliche Bilanz
Dein zehrendes Hin und Her
Bin inmitten eines Treibsands
Du bist nicht der, der mich rettet
Ist das Mahnen meines Verstands
Wir kommen so nicht weiter
Die Katze beißt sich in den Schwanz
Und langsam fehlt mir
Gänzlich die Toleranz
Mein Herz schmerzt
Ob des dortigen Flächenbrands
So gebe ich dir den Laufpass
Überfällig – In letzter Instanz
Es gibt etwas nach dir, da ist mehr
Jenseits des Tellerrands

Dunkelheit
im Rampenlicht

Bin an deiner Seite
Dein Atem. Er kommt. Er geht
Und mit dem letzten Hauch
Ist dein Leben weggeweht

Die Welt steht still
Lautlose Weile
Momente. Augenblicke
Endlose Leerzeile

Es ist mein Herz
Welches leise bricht
Und Dunkelheit
Steht im Rampenlicht

Umgeben. Geblendet
Von der Finsternis
Tut mir alles weh
Weil ich dich so sehr vermiss

Tränenozeane weinend
Lichtlos wandle ich
Verloren. Verzweifelt
Trauere ich um dich

-\/-

Einsamkeit
Ich und du

Ich seh dich an
Du sitzt bei mir
Und ich bin einsam
Neben dir

Kann nicht sagen
Wann das begann
Dachte nie
Dass so etwas sein kann

Hab es verloren
Unser Wir-Gefühl
Spür mein Herz
So hart und kühl

Da ist keine Liebe
Kein Verlangen mehr
Verbundenheit wie weggeblasen
Fühl mich schlichtweg leer

Hab dir nichts zu sagen
Mir fällt kein Thema ein
Ich will es nicht, doch Schande
Neben dir bin ich allein

Und für dich
Ist alles wunderbar
Du bist glücklich
So wie es immer war

Hältst hier
So lieb meine Hand
Und ich fühl mich mies
Mein Herz ist ausgebrannt

Ich betrachte dich
Und es tut mir so leid
Muss mit dir sprechen
Es wird höchste Zeit

Du blickst zu mir
Lächelst mich an
Ich such nach Worten
Wie fang ich nur an

Kein Herz will ich brechen
Und deines wird gleich splittern
Ich werd es jetzt tun
Deine Welt wird erzittern

Ich spür, du siehst mich an
So schaue ich zu dir
Mein Lächeln erstirbt
Es fröstelt mir

Dein Blick macht mich ganz Bange
Was willst du mir denn sagen
Wenn ich es so überlege
Trau ich mich nicht zu fragen

Die letzte Zeit war seltsam
Du zogst dich mehr zurück
Und ich spürte Verlust
Von dir. Vom Glück

Einsamkeit kroch in mein Herz
Fing an dich zu vermissen
Hab es nicht verstanden
Fühlte mich so oft zerrissen

Du hast dich verändert
Hast mich nur selten angesehen
Dacht, das wär ne Phase
Die wird sicherlich vergehen

Es gab dann auch die Tage
Da war wieder alles gut
Ich war froh
Schöpfte Hoffnung. Schöpfte Mut

Doch dieser Blick jetzt
Ist wahrlich fürchterlich
Und mein Herz schlägt schnell
Die Stimmung ist gar schauerlich

Ich liebe dich unendlich
Wir zwei sind doch für immer
Erwägst du nun zu gehen?
Das überleb ich nimmer

Bitte sag mir
Dass alles in Ordnung ist
Dass du einfach gerade
In einer seltsamen Stimmung bist

Wir können alles klären
Wir bekommen alles hin
Wir zwei gegen die Welt
So war es doch von Anbeginn

Ich flehe dich an
Sags mir mitten ins Gesicht
Bitte sag mir jetzt
Du verlässt mich nicht

Dein Blick ist weiter bohrend
Ich halt mir schon mein Herz
Deine Worte fangen an zu purzeln
Und immer größer wird mein Schmerz

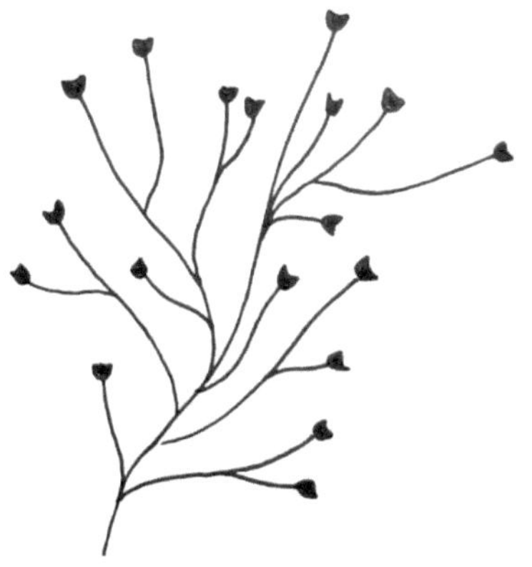

Leuchten

Ich denk an dich
Und wünsch mir dein Leuchten zurück
Du hast jeden noch so dunklen Tag
Mit deiner Kraft ins rechte Licht gerückt

Dein Leuchten, dein Strahlen
Hat uns alle angesteckt
Du hast um dich herum stets
Die gute Laune, das Glück geweckt

Bis zum Schluss gekämpft
Für uns geleuchtet bis zum Ende
Brachte dein Verlust
Die finsterdunkle Wende

Dein Fehlen ist groß
Dein Leuchten nun fern
Ich sehe in den Himmel
Und suche deinen Stern

Funkelst schön am Firmament
Der Hellste, der Liebste, das bist du
Spür dein Leuchten, wie es mich erreicht
Genieße, mach die Augen zu

Raum ohne Fenster

Raum ohne Fenster
Zimmer ohne Licht
Ich musste hinaus
Ertrug das alles nicht

Brauchte neue Luft zum Atmen
Und kann jetzt endlich wieder sehen
Es ging nicht anders
Ich musste einfach gehen

Deine Liebe
Hat mich schier erdrückt
All mein Flehen, Betteln
Hat nichts genützt

Kein einzig Wort
Fand bei dir ein Ohr
Und mein Verlassen
Kam mir einzig richtig vor

In meiner kleinen Stille
Spür ich nun den Frieden
Bin glücklich, denn ich hab mich
Richtig entschieden

Ohne dich
Geht auch ganz gut
Ich lebe wieder
Fasse neuen Mut

–⋀–

Schlicht geliebt

Schlicht grausam, dass es
Keine Zeitreise zurück gibt
Hatten uns letzten Sommer
Doch noch von Herzen geliebt

Schlicht ergreifend seine Worte
Die er mir zum Abschied schrieb
Ich wär sein ganzes Leben
Er hätt mich jeden Tag geliebt

Schlicht friedvoll ist der Platz
An dem sein Stein mit Namen liegt
Untröstlich. Still. Leer bin ich
Unvergessen wird er geliebt

Liebeskummer

Ist es denn zu viel verlangt
Dich einfach zu vergessen
Ich will mich gar nicht mehr
Mit dir und meiner Sehnsucht stressen

Ich hätt jetzt bitte
Mein Herz zurück
Und zwar unbedingt
Im ganzen Stück

Gern würde ich behaupten
An dich muss ich nicht mehr denken
Und keinen Moment länger
Mir wegen dir mein Hirn verrenken

Würde keine Träne mehr
Um dich weinen
Ich wär endlos frei
Wär mit mir im Reinen

Wenn du mir doch nur egal wärst
Einfach so – ab jetzt sofort
Wünscht, es gäb dafür nen Trank
Oder gar ein Zauberwort

Wie nur bekomm ich dich
Raus aus meinem Kopf
Wo ist er denn
Dieser Liebes-aus-Knopf

Du hast ihn doch auch
Sagtest, deine Liebe für mich wär futsch
Für dich war das ganz einfach
Und für mich wie ein Erdrutsch

Bin auf den Boden
Der Tatsachen geknallt
In deiner Nähe wars stets warm
Und plötzlich ist es kalt

Allein bin ich
Und kann es nicht mehr sein
Ich war mal groß und mutig
Nun bin ich ängstlich und klein

Wieder ist ein Tag vergangen
Und ich kam kein Stück voran
Liebeskummer ist scheiße
Ich zerbrech daran

Finster

Als du noch bei mir warst
War mein Leben voller Licht
Du warst mein Fixpunkt
Der, der mir aus der Seele spricht

Als du noch bei mir warst
Fühlte ich mich riesengroß
An deiner Seite sein war magisch
Unsere Zeit war grandios

War ein Tag mal mies
Hast du ihn schön gemacht
Und wenn ich traurig war
Hast du mich zum Lachen gebracht

In deinen Armen liegen
War mein liebstes Zuhaus
Wär so gern bei dir geblieben
Für immer – tagein, tagaus

Als du fort warst
Wurde es entsetzlich finster
Dein Verlust war brutal
Der Schmerz – mein Schlimmster

Als du fort warst
Verlor ich gänzlich meinen Halt
Plötzlich war es mitten im Juli
Bitter bitterkalt

Ich stand dort
Ein Blumenmeer. Ein Stein
Las deinen Namen, fragte mich
Was soll ich hier allein

Wieso war ich immer noch da
Wo du doch fortgegangen bist
Und mein Herz in tausend Teilen
Weil es doch zerborsten ist

Heute küsse ich den Himmel
Und denke fest an dich
Ich wünsch mir deine Wärme
Wünsch mir deine Arme um mich

Stell mir vor – nur für Momente
Kämst du zu mir zurück
Für Sekunden wärst du da
Liebe. Freude. Glück

Kann einfach nicht vergessen
Wie groß unsere Liebe war
Und bald schon ist es Sommer
Dann vermiss ich dich ein ganzes Jahr

Dummes Herz

Mein dummes blindes Herz
Merkt nicht, wie es irrt
Ist vor lauter Liebelei
Ganz und gar verwirrt

Es verrennt sich
Bricht am Ende eh
Und dann tut's wieder
Unendlich weh

Es brennt lichterloh
Was für ein Funkeln
Es rast und klopft
Leuchtet grell im Dunkeln

Kann es nicht ein einzig Mal
Auf mich hier hören
Nein, das dumme Ding
Das lässt sich gar nicht stören

Es hat für uns entschieden
Die Liebe macht mich krank
Ich wünscht dagegen
Gäbs nen Zaubertrank

–⋀–

Mosaik

Du hast es mir gebrochen
Ich habs repariert

Du hast es mir zerschlagen
Und sieh an, es funktioniert

Es war kurz ganz still
Habs wiederbelebt

Und geduldig
Zusammengeklebt

Bin erstaunt
Es ist stärker als gedacht

Ich lausche ihm
Es schlägt in voller Pracht

Mit all den Scherben
Wirkt es fast antik

Mein Herz ist jetzt
Ein Mosaik

—⋀—

Chaos

In mir ist Chaos
Bin durcheinander
Hatten doch die Schnauze voll
Voneinander

Nein, halt
Das hast du für uns entschieden
Hast dich lieber mit anderen Frauen
Rumgetrieben

Letztlich hast du mir gesagt
Ich wär dir nicht mehr wichtig
Und ab diesem Tag war ich
Für dich durchsichtig

Liebeskummer
Welch langer Prozess
Den ich wirklich
Niemals mehr vergess

Hab dich
Aus meinem Leben verbannt
Relikte von dir und uns
Gnadenlos verbrannt

Mein Herz
Aufwendig repariert
Es mit allerlei Verbänden
Und Pflastern verziert

Erinnerungen an dich
Hab ich viele vergessen
Und sammelte neue
Währenddessen

War erfolgreich im
Dich vollends zu hassen
Und Gedanken an dich
Einfach sein zu lassen

Hatte dich echt
Lang nicht gesehen
Und war froh darüber
Um ehrlich zu gestehen

Hab dich sogar im Handy gelöscht
Die Chats. Deinen ganzen Kontakt
Und jetzt steh ich hier vor dir
Wie splitterfasernackt

Hab gar hypnotisiert
Meine Seele entblößt
Bin vom Boden aller Tatsachen
Völlig losgelöst

Dein simples Lächeln
Hat mich wieder angefixt
Hast mich und mein Herz
Erneut fies ausgetrickst

Du und ich
Ich will das doch nicht mehr
Und du weißt genau
Neinsagen fällt mir schwer

Deine Präsenz
Nimmt mich gänzlich ein
Und jede Faser meines Körpers
Will nur noch bei dir sein

Bin dir verfallen
Meine Droge bist und bleibst du
Du schließt die Arme um mich
Und ich die Augen zu

Ich atme dich süchtig ein
Bin zurück bei dir
Hab Angst
Und Chaos in mir

-\/\-

Wand

Die Wand zwischen uns
Perfekte Unwegsamkeit
Du hast entschieden

—⋀—

Schwerelos

Schwerelos
Treib ich in meinem Orbit
Und nehme in Gedanken
Dich auf meine Reise mit

Erinnerungen die bleiben
Und für die ich so schwärm
Wohlig sind sie – lau und lind in mir
Dass ich mit ihnen meine frierende Seele wärm

Dass ich mit ihnen
Mein Herz ein wenig trösten kann
Und vielleicht heilt es ein bisschen
Irgendwann

Wie zuvor

Wenn du gehst
Dann lass nichts hier
Nirgends will ich sie finden
Die Spuren von dir

Wenn ich morgen erwache
Hat es dich nie gegeben
Und ich existier wie zuvor
In meinem kleinen Leben

Immer noch

Ich fühl dich immer noch
Bist nicht ganz verschwunden
Die Gedanken an dich legen sich
Wie Balsam auf meine Wunden

Ich spür dich immer noch
Mein Herz schlägt nur für dich
Und wenn ich die Augen schließe
Dann umarmst du mich

Ich seh dich immer noch
Wenn wir uns in Träumen treffen
Nichts und niemand kann jemals
Unsere Verbindung brechen

Ich hör dich immer noch
In Erinnerungen lachen
Und an besseren Tagen können diese
Bei mir ein kleines Lächeln entfachen

Ich sterbe jeden Tag ein wenig
Ohne dich an meiner Seite
Halt mich an deiner Liebe fest
Während ich das *jetzt* bestreite

-\/\-

Liebe

Ohnmacht

Schaust du mich auf diese Weise an
Stehst mit nem Augenzwinkern da
Wird mir mitunter schwindelig
Bin beinah einer Ohnmacht nah

Halt mich stets gut fest
Wenn du mich so anblickst
Sonst lieg ich dir zu Füßen, nicht
Dass du dich noch erschrickst

Berührung

Mein kleines Leben
Ohne dich. Deine Liebe
Deine Berührung. Deinen Kuss

Das wäre wie Sonne ohne Licht
Wie der Regen ohne seine Tropfen
Nein
So etwas gibt es einfach nicht

Sommerregen

Damals
Im Sommerregen
Unter deinem Schirm
War ich so verlegen

So nah hattest du
Ganz verwegen
Begonnen deinen Blick
Auf mich zu legen

Du konntest sofort
Meinen Herzschlag anregen
Und mir war schwindelig
Deinetwegen

Ob meiner weichen Knie
Hätte ich fast da gelegen
Du hast mich sanft gehalten
Das war ein großer Segen

Deine Küsse waren die besten
Zugegeben
Ich denk an sie
Bei jedem Sommerregen

Besinnlichkeit

Mit dir spür ich Besinnlichkeit
Bei dir komm ich zur Ruh
Die Welt da draußen mal vergessen
Stille. Schließ die Augen zu
Deinen Atem spüre ich
Ganz dicht an meinem Haar
Dein Herz im Einklang mit dem meinem
Momente – wunderbar

Zeitgetragen

Zeitgetragen
Du und ich
Glücklich, gemeinsam und
Noch lang nicht am Ende

Eingetaucht in die
Welt des jeweils anderen
Reichen wir uns
In Liebe die Hände

Ein Leben, solang die Zeit
Uns noch weiterträgt
Mit dir - bei dir zu sein
Auf all deinen Wegen

Bist mein Gefährte
Mein Hafen
Immer so selig sein mit dir
Das ist mein Bestreben

Träumelein

Am liebsten
Möcht ich jeden Morgen
Sanft geborgen

Erwachen. Wohligwarm
In deinem lieben Arm

Dich ansehen
Nie aufstehen

Dich spüren
Berühren

Vereinte Welten. Deine und meine
Wir. Zusammen. Nicht mehr alleine

Und wenn die Nacht da ist
Und du mir ganz nah bist

Schlafen wir zusammen ein
So ist's in meinem Träumelein

Auf Abwegen

Ein Liebespaar
Auf Abwegen
So etwas hat es schon
Zuhauf gegeben

Vom trüben Alltag
Bereits fast aufgefressen
Hat so manches Pärchen
Schlicht die Liebe vergessen

Leben nur noch
Nebeneinanderher
Vertrautheit, Intimität
Ist viel zu lange her

Jeder lebt für sich
In seiner Einsamkeit
Eventuell suchen sie dann auswärts
Nach Aufmerksamkeit

Herzen brechen
Weinen Träne um Träne
Manche leiden leise
Manche fletschen die Zähne

Weißt du noch
Als uns das passierte
Und unser WIR zur Tür
Hinausspazierte

Als wir uns verloren haben
Kein Wort mehr zu sagen
Unsere Liebe in Scherben lag
So viel Schmerz war zu beklagen

Wenn ich uns heut so sehe
Mit so vielen Jahren im Gepäck
Dann versetzen mir diese Gedanken
Immer wieder einen kleinen Schreck

Wir entdeckten uns wieder
Es dauerte ein ganzes Jahr
Wir waren gereift – fanden UNS neu
Erkannten: Liebe ist kostbar

Es war wie ein Wunder
Ein wahres Gefühlsbeben
Ich liebe dich so, denn du
Hast uns nie ganz aufgegeben

Ich leg meine Hand in deine
Und seh dich glücklich an
Du streichelst meine Wange
Und rückst zärtlich an mich ran

Wir zwei sind nun alt
Falten, graues Haar
Bist für mich der schönste Mann
Mit dem liebsten Herzen – is doch klar

Rückzug

Vom Sturm des Lebens
Hab ich heute echt genug
Wie gut, dass ich dich hab
Du bietest mir Rückzug
Du breitest deine Arme aus
Lädst mich ein. Bist mein Zuhaus
Und sicher. Geliebt. Geborgen
Vergess ich all meine Sorgen
Darf bleiben, solang ich will
Küss dich, dank dir still

Magnet

Ich weiß noch
Wie alles begann
Wie ein Magnet
Zog er mich an
Hab ihn angeschmachtet
Diesen Mann
Bis ich seine Aufmerksamkeit
Gewann
Sein gieriger Blick
Zog mich schnell in seinen Bann
Und er rutschte ganz dicht
An mich heran
Er flüsterte: „Nah will ich dir sein.
So nah, wie ich nur kann.“
Wir küssten uns
Verloren uns im Wo und Wann
Wie Magneten klebten wir zusammen
Fortan

Heute sind wir
Ein nettes Gespann
Und ich werde zur Furie
Macht sich Eine an ihn ran
Er ist *Mein*, für alle Zeit
Dieser wunderschöne Mann

Mitternachtsgedanken

Mitternachtsgedanken
Halten mich wach
Ich blicke neben mich
Du atmest ruhig. Du atmest flach
Seh dir eine Weile
Selig beim Schlafen zu
Es ist heut wie verhext
Ich finde keine Ruh

Mitternachtsgedanken
Ein Lächeln auf den Lippen
Würde dich so gerne wecken
Dich einmal sanft antippen
Kann einfach nicht fassen
Wie doll meine Liebe für dich ist
Will dir jetzt sofort sagen
Dass du mein Lieblingsmensch bist

Mitternachtsgedanken
Freu mich auf den nächsten Tag
Kann ihn kaum erwarten
Viel zu schnell ist mein Herzschlag
Ich will dich für immer
Das steht sowas von fest
Ich schenk dir mein Leben
Das Heute und den ganzen Rest

Mitternachtsgedanken
Ich schließ die Augen zu
Zwinge mich zur Ruhe
Schwierig, seufze – da flüsterst du:
„Wieso schläfst du nicht?
Komm bitte zu mir her
Ich möchte dich jetzt spüren
Lieb dich doch so sehr."

Schmerzstille

In deinen Armen geborgen
Schweigen alle Schmerzen
Und ich spür die pure Liebe
Ganz tief in meinem Herzen

Schmerzstille
Lernte ich durch dich
Ich genieße sie und wünscht
Sie währet ewiglich

Ekstase

Wenn wir vereinen
Wonach die Lust verlangt
Ist das der Moment
In dem der Verstand abdankt
Fallenlassen. Ekstase. Ganz oben fliegen
Die Schwerkraft kommt vollends zum Erliegen

Hände

Hände, die mich halten
Mich streicheln und liebkosen
Sanft drücken. Mild berühren
Sind warm und weich
Sind zärtlich und wundervoll
Sie greifen nach mir. Spielen
Machen mich mitunter schwerelos
Losgelöst
Sind grandios und magisch
Diese Hände, die mich beschützen
Auffangen. Mich trösten
Mir Geborgenheit geben
Sind die
Die ich liebe
Die ich brauche
Die ich nie mehr missen möchte
Sind deine Hände

Erfüllung

Wir
Erfüllung in Harmonie
Von Beginn an
Stete Gedankentiefe
Perfekter Zusammenklang

Das Herz macht was es will

Hab dich vergessen
Dachte ich
Und dann passiert es
Ich sehe dich
Und dann blickst du mich
Auch noch so an
Ein Lächeln bei dem man nur
Dahinschmelzen kann
Gar nichts ist vergessen
Gefühle sind voll da
Mein Herz in Flammen
War so klar
Nun kreisen die Gedanken
Wieder nur um dich
Bin völlig durcheinander
Ich will das doch nich'

Nackt

Wir sitzen am Meer
auf nackten Felsen
Wollen schwimmen gehen

Wir ziehen uns aus
Und schauen uns an
Es gibt so viel zu sehen

Du nimmst meine Hand
Wir springen rein
Sind nass bis zu den Zehen

Du hältst mich fest
Ein erster Kuss
Der Kopf voll mit Ideen

Melancholie

Du nimmst meine Melancholie
Verwandelst sie in Glückseligkeit
Köstlich nährst du meine Seele
Versorgst sie gütig mit Geborgenheit

Ich will

Ich will
Dass du mich beachtest
Ich will die sein
Die du gern betrachtest

Will die sein
Die du berührst
Und die
Die du verführst

Will die sein
Der du alle Küsse schenkst
Und die
An die du nur noch denkst

Ich will die sein
Die ganz nah bei dir liegt
Und die
Die sich zärtlich an dich schmiegt

Ich will die sein
Die mit dir schläft und erwacht
Ich will dich am Tage
Und ich will dich in der Nacht

Ich will deine Fingerspitzen
Auf meiner Haut
Ich schau dich an
Und mein Herz schlägt laut

Es rast und ich will
In deinen Armen versinken
Will von deiner Aura berauscht
So gern von deinen Lippen trinken

Brücke

Diese Brücke
Mit sicherem Fundament
Vertrauen errichtet und Liebe
Welch bauliches Talent

Diese Brücke geh ich
Ohne Angst in mir
Denn sie führt mich
Direkt zu dir

Diese Brücke
Bringt mich heimwärts
Ohne Umwege
Mitten in dein Herz

In deine Seele geblickt

Seeleneinblicke
Deine Augen sind Fenster
Einfach wunderschön

Schatz

Tief unter der Traurigkeit
Dem Kummer und Schmerz
Lag es vergraben
Mein pochendes Herz

Du hast es gefunden
Und sahst die Verletzlichkeit
Hast es wie einen Schatz geborgen
Und es von seinem Leid befreit

Das Leben

Das Leben hat mich
Zu dir …
An deine Seite gebracht
Und dann hat die Zeit
Auf unserer Reise
Uns zu Liebenden gemacht

Du und ich

Momente
Scheinen wie Magie
Entstanden
Unter Amors Regie

Liebe
Perfekte Harmonie
Herzen im Einklang
Die schönste Melodie

Seelen spüren
Euphorie
Verbundenheit
In Sympathie

Und über allem
Schimmert die Poesie
Rosarot und lieb
Welch rührend Szenerie

Finsterriss

Du bist das Licht
Das mich rettet
In meiner Dunkelheit
Zaghaft verschwindet
Langsam all die
Düsterkeit

Du bist das Wunder
Das ich schon
So lange vermiss
Du bist Hoffnung
Zuversicht
Bist mein Finsterriss

$\heartsuit$

Du hast das letzte Gedicht aus

Wohl & Schmerz Liebe 2 gelesen.

Vielen Dank, dass du dich auf meine

Poesie eingelassen hast.

Liebe Leserin, lieber Leser,

83 neue Liebesgedichte fanden in diesem Band ein Zuhause. Seit einigen Jahrzehnten schreibe ich meine Gedanken auf. Sammle Texte in Tage- und Notizbüchern und seit einigen Jahren auf meinem Computer. Das Schreiben ist jeher meine große Liebe.

Es freut mich, dass du dieses Buch in den Händen hältst.

Dieser Gedichtband wäre nicht entstanden – keines meiner Bücher wäre das – wenn ich nicht eine so großartige Unterstützung hätte.

Ein großer Dank geht an meinen Mann, der mir stets ein Fels in der Brandung ist. Seine unaufhörliche Geduld ist nicht von dieser Welt. Big Love.

Meinen drei Töchtern Lina, Marie und Emma bin ich immens dankbar, weil sie es nicht müde werden, meinen Texten zu lauschen und ehrlich ihre Meinung darüber kundzutun. Große Mamaliebe.

Meine Freundin Rebe kann ich jederzeit um Rat fragen. Sie hat dieses ständige offene Ohr für mich und meine Anliegen. Nicht nur bezüglich der deutschen Rechtschreibung. Immer wieder begeistert bin ich und dazu endlos dankbar, dass wir uns im Leben begegnet sind und das nicht nur einmal.

Meine Freundinnen Anja und Miri sind mir so liebe Weggefährten und stete Lichter in dunklen Zeiten, schon so viele, viele Jahre lang. Vielen Dank – an dieser Stelle besonders in Sachen Schreiben. Ich schätze die Verbundenheit und freue mich über unsere Freundschaft.

Meinen Autorenkolleg:innen danke ich ebenso. Der Austausch untereinander, das füreinander Dasein, der Support ... alles ist wertvoll und wichtig. Das Schreiben verbindet uns alle auf eine wunderbare Weise.

Wenn dir meine Gedichte gefallen haben, kann ich frohe Kunde tun, denn das nächste Buch-Projekt ist bereits in Vorbereitung. Es würde mich glücklich machen, wenn du eine Rezension auf den gängigen Portalen hinterlässt. Es wäre eine großartige Unterstützung für mich als Autorin. Vielen Dank dafür.

Viele Grüße
Deine Steffi

Möchtest du mehr von mir lesen?

Im August 2024
erschien mein erster Gedichtband.

Eine emotionale Reise mit Höhen und Tiefen.
Die Liebe in all ihren Facetten.
Liebesgedichte in Wohl und Schmerz.

Wohl & Schmerz Liebe

100 Gedanken und Gedichte

58 Zeichnungen

ISBN 9 783759 707369

256 Seiten

€ 11,99

Klappentext

Eintauchen in die Poesie.

Versinken in die Welt der sich reimenden Wörter.

Die Liebe - in Verse geflochten.

Gedankengut mit viel Gefühl.

Liebe ist wohltuend.

Liebe ist schmerzhaft.

Im Januar 2025
erschien mein Liebesroman.

Nicht mehr ohne dich

Rike & Finn

‚Nicht mehr ohne dich' erzählt die Geschichte von Rike und Finn. Sie ist 24 und er ist 29 Jahre alt. Jeder für sich steht mit beiden Beinen fest im Leben. Als sie sich begegnen, ist plötzlich alles anders. Alles neu. Zwischen ihnen wird es aufregend und turbulent, die Stimmung ist wechselhaft. Sie sehnen sich nach Harmonie und Unbeschwertheit und das ist manchmal gar nicht so einfach. Anziehungskraft ist definitiv vorhanden, oh, ja ... wären da nur nicht die lästigen Baustellen, die das Leben so schreibt.

Der blaue Gambio-Ball schmückt das Cover. Er steht für Geschichten rund um das Thema ‚Der perfekte Tausch'. Was werden Rike und Finn wohl tauschen?

ISBN 9 783769 301687

Seiten 330

€ 13,50

Finn: "Ich möchte so gerne das mit ihr tun, was sie
mir zu später Stunde ins Ohr geflüstert hat."
*Rike: "Es bricht mir das Herz, ihn so zu sehen. Trösten
möchte ich ihn, ihm zuhören, für ihn da sein, aber kann
es einfach nicht. Zu heftig ist das eben Gehörte."*
Finn: "Es ist Neuland. Eine Frau derart aufgebracht
zu sehen, ist angsteinflößend. Ein Höllenfeuer
könnte nicht gefährlicher sein."
*Rike: "Leuchten wir beide nicht gerade vor Glück? Ich
zumindest habe das Gefühl zu strahlen."*

Neun meiner Kurzgeschichten erschienen im März 2024 in dieser Anthologie.

Vinylschuppen

Ein Schallplattenladen voller
Tauschgeschichten

TONTRÄGER, TEE UND TAUSCHGESCHICHTEN
Willkommen im Vinylschuppen!

Wenn Rentner Hubertus Tonlage die Pforten zu seinem ehemaligen Plattenladen für gute Freunde erneut öffnet, werden nicht nur Erinnerungen lebendig und musikalische Klassiker erneut gefeiert, sondern es gibt auch jede Menge Tauschgeschichten zum Schmunzeln, Mitfiebern und Verlieben. Nehmt neben Hubertus Platz auf dem Sofa, lauscht mit ihm der schönen Musik und lasst euch mit vielen passenden Kurzgeschichten zum Träumen entführen.

ISBN 9 783758 331350

Seiten 330

€ 14,99

Zehn Autor:innen schrieben gemeinsam.

Ein Buch vom Team GAMBIO voller kurzer Tauschgeschichten für Leser:innen, die gerne eine Gesamtgeschichte lesen, als auch für Buchliebhaber:innen, die Kurzgeschichten lieben.

Demnächst

Ein weiterer **Gedichtband** mit vielen Zeichnungen ist in Arbeit. Beim Illustrieren bekomme ich dieses Mal Unterstützung. Verdichtet werden Kurzgeschichten aus unterschiedlichen Genres.

Veröffentlichung 2025

Eine **Buchreihe** aus dem Genre Romantasy erzählt von einer unsterblichen Liebe, die bereits im Teenageralter beginnt. Die Geschichte teilt sich in acht Bände auf. Mit dem ersten Teil startet eine fantastische Reise, die jegliche Vorstellungskraft sprengt.

Veröffentlichung 2026

Aktuelles erfährst du stets auf meiner Homepage https://steffi-lofeldt.jimdosite.com oder folge mir auf Instagram @steffilofeldt

Im Vorbeigehen

Nur ein Blick

Dein kleines Lächeln

Ist mein ganzes Glück

(aus ‚Wohl & Schmerz Liebe‘)

Sternenstaub

Wir sind aus Sternenstaub
Sind Fragmente der Galaxie
Dass ich Dich inmitten fand
Grenzt wahrlich an Magie

(aus ‚Nicht mehr ohne dich‘)